*Texte für Frieden und Freiheit
aus den Liedern von
Gerd Knesel*

Texte für Frieden und Freiheit
aus den Liedern von
Gerd Knesel

und
Mitverantwortliches Sein

Von Hubertus Scheurer

Lyrik

Bibliografische Information der Deutschen Nationalbibliothek:
Die Deutsche Nationalbibliothek verzeichnet diese Publikation
in der Deutschen Nationalbibliografie; detaillierte bibliografische
Daten sind im Internet über http://dnb.dnb.de abrufbar.

Informationen über: www.hubertus-scheurer.de

© 2015 Hubertus Scheurer
Umschlaggestaltung: Willy Arndt
Satz, Herstellung und Verlag:
BoD – Books on Demand

ISBN: 978-3-7386-6490-4

Inhaltsverzeichnis

Mitverantwortliches Sein 7
Deutschland, Deutschland mögst gesunden 9
Zum Deutschland-Lied 10
Die Stasispitzel 11
Frau Minister 12
Vom Marxist zum Millionär 13
Zum Kapitalist 13
Illusionen 14
Die öffentliche Hand 15
Staatsbankrott 16
Es gibt keinen sichren Hafen 18
Der Staat als Hehler 20
Mißwirtschaft 21
Das Präsidentenleben 23
Die Präsidentenwahl 24
Steuersünder plätten 25
Verbotene Bücher 26
Im Landgericht 27
Die Ordnungshaft 28
Der sachverhaltliche Tatbestand 29
Das Recht ist nicht im Gleichgewicht 30
Für den Rechtsstaat 31
Eine wäscht die andre Hand 32
Heuchelei 34
Wahres Recht vonnöten 36
Noch ein Rechtsklugscheißer 37
Armes Deutschland 38
Ein feiner Staat 40

Verleumdung und Ehre	42
Nutze Deine Möglichkeit	43
Widerstand als Recht der Treue	44
Gelöbnis-Widerruf	45
Gerhard Löwenthal	46
Sie knüpfen für uns die Schlingen	52
Die meinen das nicht so	54
Was ist mit dem Deutschland drüben?	56
So mancher nennt sich Anwalt	57
Nie wieder Krieg!	59
Die linken Demonstranten	61
Die sogenannte DDR	63
Genosse gebier man!	65
Ein Brief aus dem Gulag	67
Afghanistan	68
Solidarität	69
Soldat der Bundeswehr	71
Genossen stellt das Rüsten ein!	73
Frieden ohne Waffen?	75
Der gutgläubige Hase	76
Sing Genosse! Sing!	79
Gedanken eines militanten Demonstranten	81
Kinder, Kinder!	84
Der kleine Prinz	86
Rainer Bäurich	88
Lieber rot als tot?	89
Schwer zu fassen	91

Mitverantwortliches Sein

Als sowjetische Chaoten
Mit Atomverwüstung drohten,
Entstand damals meinerseits
Ein Fluchtplan hin bis in die Schweiz.

Dies, zumal ich mich befand,
Aktiv hier im Widerstand
Gegen jene Todesmauer
Kommunistischer Erbauer,

Die mit ihrer Stasimacht
Auch im Westen hielten Wacht,
Meinem Mitstreiter, seit Jahren,
Ständig auf den Spuren waren,

Der ein schnelles Ende nahm,[*]
Nachdem er in Behandlung kam
Bei einem Arzt, Stasizuträger,
Ihn befielen Krebserreger.

Doch es war auch nach der Wende
Mein Kampf im Staat nicht zu Ende,
Denn es wurden dort bis jetzt
Meine Grundrechte verletzt.

*Diesen Kampf, den führ ich leise,
Ganz allein auf meine Weise,
Frei von jeglicher Gewalt,
Ließ die Menschen aber kalt.*

*Mitverantwortliches Sein,
Dafür setzte ich mich ein,
War die Richtschnur meines Lebens,
Vielleicht doch nicht ganz vergebens.*

---

* Gerd Knesel starb am 19. Mai 1992 im Alter von 46 Jahren.

Deutschland, Deutschland mögst gesunden

Deutschland, Deutschland, es wurd trüber,
Deutschland, Deutschland, es wurd Nacht,
Nach dem Unheil, das du über
Unsre Erdenwelt gebracht.

Deutschland, Deutschland, eine Schande,
Vorbild in der Geisteswelt,
Dann die Nazi-Schweinebande,
Mauerbau und Minenfeld.

Deutschland ließ zum Kampfe blasen,
Zur Eroberung der Welt,
Juden massenhaft vergasen,
Mörder wurden da zum Held.

Dann die Teilung nach dem Kriege,
Deutschland-Ost und Deutschland-West,
Sozis träumten nun vom Siege,
Karl Marx wurd ihr Manifest;

Sie erbauten eine Mauer,
Schutzwall wurde sie genannt,
Eine Mauer deutscher Trauer,
Grausig, diese Todeswand,

Denn es wurde dort erschossen
Wer dem Teilstaat wollt entfliehn,
Von Soldaten, den Genossen,
Niemand sollt sich ihm entziehn.

Nach Jahrzehnten kam die Wende,
Mit ihr auch der Mauerfall,
Gorbatschow machte ein Ende,
Es kam nicht zum großen Knall.

Deutschland, Deutschland mögst gesunden,
Vielleicht nochmal Vorbild sein,
Hast die Welt und dich geschunden,
Stete Warnung sei das Schwein.

Zum Deutschland-Lied

Sie singen als wär nichts gewesen,
Sollten das Gedicht mal lesen
Über Deutschlands Schweinebande,
Die das Land brachte in Schande.

Angesichts der Greueltaten
Ist man sicher schlecht beraten,
An ihnen vorbei zu singen,
Reue sollte mit anklingen.

Sich zum Guten hin entfalten,
Heißt zugleich auch Einkehr halten,
Denn die ganze Welt soll sehen,
Diesen Weg, den wolln wir gehen.

Die Stasispitzel

Zwanzigtausend Stasispitzel
Hatten wir in Westdeutschland,
Welch ein großer Nervenkitzel,
Namen wurden nicht genannt.

Ja, sie brauchten starke Nerven
Für Erkundung und Verrat,
Warum jetzt mit Steinen werfen,
Gut gemeint war ihre Tat.

Eine etwas andre Wende
Mehr in Richtung Ostdeutschland,
Dann rieb jeder sich die Hände,
Der den Spitzeln nahestand.

Hätten sie doch hohe Posten
Ihres Heldentums zum Dank,
Was sie uns dagegen kosten,
Bleibt geheim im Aktenschrank.

So muß mancher sich nun bücken
Vor den Spitzeln, höchst devot,
Fieln uns damals in den Rücken,
Wüßt er das, säh er wohl rot.

Frau Minister

Den Sozialismus brauchen wir
Nicht nur im Osten, sondern hier;
Gab lautstark einst im Westen
Die Dame gern zum besten.

Das ist nun eine Weile her,
Die „DDR", die gibt's nicht mehr;
Was diese Dame hat begehrt,
Scheint jetzt ihr nicht der Rede wert.

So kehrt sie wahrlich recht geschwind
Ihr Mäntelchen stets nach dem Wind;
Der Bürger, schnell vergißt er,
Und sie wurd Frau Minister.

Vom Marxist zum Millionär

Erst Marxist, wie Honecker,
Den bewunderte er sehr,
Ließ ihn fallen, fiel nicht schwer,
Als der nützte ihm nicht mehr.

Selbst ein Kanzler, welche Ehr,
Ging er ab als Pensionär
Mit dem fürstlichen Salär,
Nicht genug, mehr mußte her.

So wurd er zum Putinär,
Putin dienen, sein Begehr,
Wurd im Kapitalverkehr
Nun ein Vielfachmillionär.

Zum Kapitalist

Erst Kommunist,
Dann Sozialist,
Da Reichtum so verlockend ist,
Für Putin er die Fahne hißt,
Demokratie dabei vergißt,
Endziel erreicht: Kapitalist.

Illusionen

*Illusionen, Illusionen,
Daß wir heut so sicher wohnen;
Freun wir uns, daß die Marxisten
Sich nach Adolf auch verpißten.*

*Lang ist's nicht her, daß der Osten
Plante Krieg auf unsre Kosten,
Fertig war'n die „Blücher-Orden"
Als Belohnung für das Morden.*

*Hunderfünfzehn Atomwaffen
Sollten Niedersachsen schaffen,
Ähnlich wollt' er mit den netten
Waffen Schleswig-Holstein plätten.*

*Dazu sagt man: Meine Güte,
Das sind doch längst alte Hüte,
Keine Orden, wir belohnen
Nun die Planer mit Pensionen.*

*Trotzdem mein ich: Das Vergessen
Ist auch hier nicht angemessen,
Denn es folgen meist die Strafen,
Wenn die Bürger zu tief schlafen.*

Die öffentliche Hand

Unsre öffentliche Hand,
Mir nur allzu gut bekannt,
Denn wenn ich sie angetroffen,
Hatte sie die Hand stets offen.

Nur im Abkassieren groß,
Sonst war nicht viel mit ihr los,
So wie ich sie hab erfahren
In den letzten vierzig Jahren.

Hat sich selber gut versorgt,
Und das Geld, das sie geborgt
Für die Renten, zweckentfremdet
Obendrein auch noch verschwendet.

Hat dem Bürger, der sie trägt,
Steine in den Weg gelegt,
Um, denn darin ist sie eigen,
Souveränität zu zeigen,

So daß heut schon souverän
Bürger in das Ausland gehn,
Weil man ihnen dort zum Ende
Gern reicht freundschaftlich die Hände.

Staatsbankrott

Unser Staat scheint mir marode,
Und er wurd es mit Methode,
Denn es wuchs und wuchs sein Bauch,
Gleichwohl die Verschuldung auch.

Nein, der Staat, er will nicht sparen,
Sondern erster Klasse fahren,
Wer nicht haftet und ihn lenkt,
Immer an sich selbst erst denkt.

Wie verlockend, den bequemen
Einfach leichten Weg zu nehmen,
Stellte, war man sich zu fein,
Lieber Gastarbeiter ein.

Waren auch bestimmt von Nutzen,
Lassen sich die Schuh heut putzen,
Kamen sie durch Fleiß hinauf,
Nun, so ist des Lebens Lauf.

Fleiß und Tugend, oh mitnichten,
Längst veraltete Geschichten;
An der Spitze Vorbild sein,
Wem fällt so etwas noch ein?

Alte Menschen, die verzagen,
Sich nicht auf die Straße wagen,
Das ist unsre Wirklichkeit,
Polizei steht nicht bereit;

Sieht man fleißig nur beim Schreiben,
Um Gebühren einzutreiben,
Raub und Einbruch an der Zahl
Ist der Alltag, ganz normal.

Die Gerichte unterdessen
Kann man besser auch vergessen,
Und wer weiß, was sich dort tut,
Schluckt herunter seine Wut.

Wie soll das noch weitergehen,
Kann ein solcher Staat bestehen,
Der nichts leistet, der nur frißt,
Bis das Land hier pleite ist?

Mir hallt's heut noch in den Ohren,
Alles haben wir verloren,
Jetzt zum zweiten Male schon,
Wieder durch die Inflation.

Es gibt keinen sichren Hafen

Daß die dunkle Zeit vorüber,
Kehrt in dieser Form nie wieder,
Ist als sicher anzusehn,
Schon weil heute nicht bestehn,

Damalige Machtstrukturen;
Rückstellbar sind nicht die Uhren,
Brächt auch niemandem Gewinn,
Gäb von daher keinen Sinn.

Ob heut beßre Menschen leben,
Könnt vielleicht die Antwort geben,
Wenn man sie aus ihrem Jetzt
In vergangne Zeit versetzt.

Glaube ich, in ihrem Wesen
Sind die Menschen nicht genesen,
Werden immer gleich sich sein,
Manche gut, andre gemein.

Zeigte uns ein Fahndungsraster,
In die Zeit von damals paßt er,
Und der gute Biedermann,
Wäre plötzlich ein Tyrann.

Fänd man viele Schreibtischtäter,
Die ganz üblen Volksverräter;
Es geht mir ums Arsenal,
Wer ins Bild gehört mental.

*Würde sich ganz sicher zeigen,
Viele tanzten mit im Reigen
Fürchterlicher Grausamkeit,
In Entsprechung jener Zeit.*

*Deshalb sollten wir nicht schlafen,
Es gibt keinen sichren Hafen,
Dürfen unrechtes Geschehn,
Heut nicht einfach übersehn.*

Der Staat als Hehler

Seht nur, geht's um Hehlerei,
Ist die Staatsmacht mit dabei;
Eigentlich schon kriminell,
Scheint mir, ihr Geschäftsmodell.

Zahlt für Daten, die gestohlen,
An den Dieb ganz unverhohlen
Geld; doch sie kann sicher sein
Es kommt vielfach wieder rein.

Was uns Sasispietzel kosten,
Sie behielten ihre Posten,
Bleibt dagegen streng geheim,
Ich mach draus mir meinen Reim:

Weil man quer durch die Parteien
Fände sie in deren Reihen,
Wird vertuscht; was altbewährt,
Ist auch heute nicht verkehrt.

Sicher sparten wir Millionen
Bei der Kürzung von Pensionen,
Und so manches hohe Tier
Sollt bekommen nur Hartz Vier.

Zugleich könnt sich das Vertrauen*
In den Staat erneut aufbauen,
Und die Geldflut in die Schweiz
Würd verlieren ihren Reiz.

Doch verkommt der Staat zum Hehler,
Überzeugt damit die Wähler,
Sucht, wer's kann, das ist mal so,
Sein Heil lieber anderswo

Mißwirtschaft

Gutgeführte Unternehmen
Sorgen für die Zukunft vor;
Stets bereit sich zu bezähmen,
Geld verschwendet nur ein Tor.

Legen so in guten Zeiten
Wie's gebührt Reserven an;
Stehn nicht da bei Widrigkeiten
Hilflos wie ein armer Mann.

Unser größtes Unternehmen
Sollte dafür Vorbild sein,
Nimmt den Weg, stets den bequemen,
Fährt beständig Schulden ein.

---

* Sh.: »Die Stasispitzel«

Ja, der Staat mit seinen Leuten,
Die nicht ernstlich in der Haft,
Können das System ausbeuten,
Schwächen so die Volkswirtschaft.

Wurde zu stark überzogen,
Sind die Kassen völlig leer,
Zeigt sich, vorher wurd gelogen,
Muß die Zusatzsteuer her.

Und es lockt, macht so begehrlich,
Reichtum in privater Hand;
Weiß, wer mitdenkt, unentbehrlich
Für die Wohlfahrt hier im Land.

Schließlich lebst Du von Erträgen,
Frißt nicht Dein Vermögen auf,
Statt dies sinnvoll abzuwägen,
Läßt der Gier man freien Lauf.

Was ist mit Vermögensmassen,
Die durch Ansprüche entstehn?
Ungeschoren sie zu lassen,
Wäre gar nicht einzusehn.

Riesenwerte zum Behagen,
Für Minister zum Verzehr,
Die doch keine Früchte tragen,
Zu besteuern wär nur fair.

Außerdem gäb es ein Zeichen,
Wenn der Kopf der Mißwirtschaft,
Stellte positiv die Weichen,
Auch mal einen Ausgleich schafft.

Das Präsidentenleben

In Deutschland läßt es sich gut leben,
Zumindest für den Präsident;
Er kann ja wie auf Wolken schweben,
Lebt von der Wirklichkeit getrennt.

So wie ein Fürst zu alten Zeiten,
Ja, wie ein König auf dem Thron,
Und niemand wird sie ihm bestreiten,
Nach kurzer Zeit die Staatspension.

Da muß er dieses Land doch loben,
Für ihn kann es nicht besser sein,
Was unten, aus der Sicht von oben,
Ist kaum zu sehn, hüllt Nebel ein.

Die Präsidentenwahl

Die Wahl zum Bundespräsident,
Wenn man sie seit Jahrzehnten kennt,
Dann fragt man sich, muß das so sein,
Was fällt nur den Parteien ein?

Sie rangeln zäh um dieses Amt,
Sich selbst zum Vorteil allesamt,
Wem schiebt man einen Posten zu,
Wer läßt die Politik in Ruh'?

Das Staatswohl, es steht hinten an,
Wahrscheinlich auch, was jemand kann;
Die Kosten? Nun, was das wohl soll,
Die Kassen sind doch immer voll.

Wie wär's würd man nach Leuten sehn,
Die hochverdient im Ruhstand stehn
Und doch noch einmal für das Land
Sich opfern, geben Kraft, Verstand;

Die sagen, fünf Jahr, doch nicht mehr,
Fürs Vaterland und für die Ehr',
Ich brauche dafür kein Salär,
Bin ja bereits ein Pensionär.

Steuersünder plätten

Den Billionenschuldenberg
Verwaltet unser Schäuble-Zwerg,
Und in jedem Jahr, bisher,
Wurden es Milliarden mehr.

So kann es nicht weitergehen,
Gab er nunmehr zu verstehen,
Und mit Gabriel, dem fetten,
Will er Steuersünder plätten.

Das jedoch wird niemals reichen,
Um die Schulden auszugleichen,
Da müßt wirtschaftlich er denken
Und die Staatsausgaben senken.

Der Verantwortung sich stellen,
Hieß, den Gabriel verprellen,
Denn der wird sich nicht bequemen,
Selber etwas abzunehmen.

Verbotene Bücher

*Niemals wollt ich Bücher schreiben,
Man schreibt ohnehin zu viel,
Das gehört um »in« zu bleiben,
Heute schon zum guten Stil.*

*Trotzdem habe ich geschrieben,
Denn für mich ging es um mehr,
So ist mir nur dies geblieben,
Um Gerechtigkeit und Ehr.*

*Was ich schrieb darf man nicht lesen,
Nämlich gleich der Bücher drei,
Ist der Richterspruch gewesen,
Doch ich schrieb mich dadurch frei.*

*Unterliegt mein Schreibstil Tadel,
Sagt man, er wär einfach schlecht,
Ich näh mit zu heißer Nadel,
Nun, da hat man sicher recht.*

*Drei verbotne Bücher schreiben,
Macht jedoch für sich schon Sinn,
Weil ich damit, das wird bleiben,
In bester Gesellschaft bin.*

Im Landgericht

Ich empfinde es als Schande,
Hier zu stehn in diesem Lande,
Vor dem hohen Landgericht;
Richter schaut mir ins Gesicht.

Seh ich grausam die Kollegen,
Die damals mit Adolfs Segen
Hier mit Freude Pflicht getan,
Im verdammten Größenwahn.

Hat denn dieser Staat schon wieder
Machtgespinste im Gefieder?
Wird der einzelne entehrt,
Wenn er sich dagegen wehrt?

Unterlieg ich Rechtssystemen,
Die den Menschen Würde nehmen,
Schwand die normative Kraft,
Die das Rechtsvertrauen schafft?

Steh ich hier als der Beklagte,
Schmutzbeworfne Unverzagte,
Mit dem Kläger, der betrügt,
Mich und das Gericht belügt.

Mag nun der Prozeß beginnen,
Frag mich, wird das Recht gewinnen,
Oder wird es untergehn,
Bin gespannt, wir werden sehn.

Die Ordnungshaft

Es drohten mir in späten Jahren
Die Richter mit der Ordnungshaft;*
Hab so am eignen Leib erfahren,
Wie man in Deutschland Ordnung schafft;

Und dachte schon, in meinem Leben,
War Ordnung wesentliches Gut,
Zumindest immer mein Bestreben,
Lag mir doch eigentlich im Blut.

Zwar würd die Ordnungslieb' ich fassen,
Nie wie der große Goethe weit,
Der Unordnung begann zu hassen,
Fast mehr als Ungerechtigkeit.

Sollt Ungerechtigkeit ich sehen,
Setz ich mich ordnungshalber ein;
Die Richter können's nicht verstehen,
Sie glauben ordentlich zu sein,

Wenn sie Kritik im Keim abtöten,
Nur selten machte sie beliebt,
Und halten dafür Haft vonnöten,
So hört es auf, daß es sie gibt.

---

* Sh.: »Erlebnisse im Hotel mit König Alfred und seinem Hanswurst« Band I, Seite 37 u. 38.

Der sachverhaltliche Tatbestand

*Verfügt wurd: Es muß unterbleiben,
Die Sachverhalte zu beschreiben!
Denn dies, so hatte man erkannt,
Erfüllte klar den Tatbestand,*

*Daß die getadelten Parteien,
Mit gutem Recht beleidigt seien.
Dabei war's grade umgekehrt,
Der Sachverhalt hätt dies geklärt.*

*Vielleicht erkennt man aber später,
Beleidigt fühlten sich die Täter;
So wurd, oh wundersame Welt,
Das Recht mal auf den Kopf gestellt.*

*Den Sachverhalt sollt man ergründen,
Danach den Tatbestand verkünden,
Damit das Recht, recht eingestellt,
So wieder auf die Füße fällt.*

Das Recht ist nicht im Gleichgewicht

Ich stelle fest, ganz einfach schlicht,
Das Recht ist nicht im Gleichgewicht;
Die Wege, die die Richter gehn,
Sind häufig nicht mehr zu verstehn.

Da hat mit Lumpen man Geduld,
Vielleicht hat auch das Opfer schuld,
Und meint, daß sich ein freier Mann,
Wahrscheinlich eher bessern kann.

Schlägt der Verbrecher wieder zu,
Zieht man sich an nicht diesen Schuh,
Man hat es schließlich gut gemeint,
Auch wenn ein neues Opfer weint.

Doch wenn Du einen König schmähst,
Weil Du für Recht und Freiheit stehst,
Da sind die Richter voll im Saft,
Verfügen sofort Ordnungshaft.

Vertreten so des Staates Macht,
Da sag ich für mich gute Nacht,
Für solchen Staat war ich bereit,
Mich einzusetzen jederzeit.

Ich kann's auch sagen einfach, schnöd,
Wahrscheinlich war ich wohl zu blöd,
Denn nur ein wirklicher armer Tropf,
Riskiert für solche Herrn den Kopf.

Für den Rechtsstaat

Beleidigung, versteh ich nicht,
Soll sein, wenn man die Wahrheit spricht,
Was ich nun per Gerichtsbeschluß
Mit Drohung akzeptieren muß.

Es kann auch sein, daß das Gericht,
Entschied, wir prüfen einfach nicht,
Und unterstelln, daß wer da klagt,
In jedem Fall die Wahrheit sagt.

Ist dies der Weg von unsrem Recht,
Dann steht's um unsren Rechtsstaat schlecht;
Es wird im Gegenteil zur Pflicht,
Zu sagen, nein, das mach ich nicht!

Hab sogar unter Eid bekannt,
Mich einzusetzen für das Land;
Für Recht und Freiheit einzustehn,
Mit Mut den rechten Weg zu gehn.

Wenn heute ein Gericht verfügt,
Daß der im Recht ist, der betrügt,
Dann wird es Zeit zum Widerstand,
Wie einst gelobt dem Vaterland.

Eine wäscht die andre Hand

Hamburgs Landespolizei,
Kann man lesen, war so frei,
Drang zu viert gleich, nicht grad fein,
*Bei mir in die Wohnung ein,**

So als ob ich ohne Ehr
Gar ein Schwerverbrecher wär;
Die vergangne Nazi-Zeit
Schien zurück mir nicht sehr weit.

Damals war die Polizei
*Gleich mit Massenmord dabei,***
Doch sensibel wurd sie nicht,
Jedenfalls aus meiner Sicht.

Steht stramm vor dem Denunziant,
Wenn er Einfluß hat im Land;
Ich denk ein Regierungsrat
Hat wohl solchen in der Tat.

Es ist polizeibekannt,
Eine wäscht die andre Hand,
So ging's auch der Mörderbrut
*Dann im Rechtsstaat wieder gut.****

---

*   Sh.: »Denunziant im tauben Land«.
**   Sh.: »Frankfurter Allgemeine« v. 22.09.07: Das BKA deckt seine düstere Vergangenheit auf.
*** Sh.: »Frankfurter Allgemeine« v. 22.09.07: Nach dem Vorbild des Reichskriminalamtes.

Hamburgs Landespolizei
Tischte auf mir Lügenbrei,*
Schaun wir, ob ihr Präsident
Sich zur Wahrheit nun bekennt.

---

*   Sh.: »Schnelle Brüter« in »Bürger wacht auf!« S. 25

Heuchelei

Am U-Bahnhof, nah unsrem Haus,
Man mag es ja kaum glauben,
Da warn zu sehn, tagein tagaus,
Gleich ein paar hundert Tauben.

Jetzt sind sie fort, was ist geschehn,
Wo sind sie nur geblieben?
Vereinzelt kann man welche sehn,
Wer hat sie dort vertrieben?

Ich fragte bei der Polizei,
Die kam doch unumwunden,
Wegen der Taube gleich vorbei,
Die man tot aufgefunden.*

Doch nun, die Polizei sie zeigt
Sich gar nicht sehr beflissen,
Und auch das Umweltamt, es schweigt,
Will ebenfalls nichts wissen.

Vielleicht versprach man ihnen Spaß,
Die Reise zum Vergnügen,
In warme Länder, das hat was,
Um Tauben zu betrügen.

---

* Sh.: »Frau Pöbelmann« in »Bürger wacht auf!« S. 23 u. 24

Wie damals, keiner kam zurück,
Da ging's in Richtung Osten,
Im Abtransport zum neuen Glück,
Die Polizei stand Posten.

Vielleicht hat man den Tauben auch
Ein leckres Mahl versprochen,
Sodann nach altbewährtem Brauch,
Darauf sein Wort gebrochen.

Das Mahl wurd ihnen aufgetischt,
Sie haben es verschlungen,
Es war jedoch mit Gift vermischt,
Dann mit dem Tod gerungen.

Die eine Taube braucht man um
Gezielt zu diffamieren;
Bei hundert andren wird man drum,
Nicht ein Wort mehr verlieren.

Wahres Recht vonnöten

Gut ein Jahr verschlief sie ganz,
Um zu überdenken,
Die gerichtliche Instanz,
Mir Gehör zu schenken.

Ziemt es sich denn so viel Zeit
Dabei zu verlieren,
Statt die Ungerechtigkeit
Schnell zu revidieren?

Wird Berufung gar versagt,
Werd ich weiter kämpfen,
Bis ich sterbe, unverzagt,
Ihren Hochmut dämpfen.

Hier im deutschen Rechtssystem
Ist wahres Recht vonnöten,
Macht man es sich zu bequem,
Geht die Freiheit flöten.

Noch ein Rechtsklugscheißer

Aus der oberen Verwaltung
Kam ein weitrer Wadenbeißer,
Paragraphenrechtsklugscheißer,
Obendrein noch zur Entfaltung.

Ihm fiel was Besondres ein,
Nämlich, wie er offenbarte,
Daß ich Waffen dort verwahrte,
Wo sie dürften gar nicht sein.

Das sei ein Verwahrverstoß,
Wozu er im Urteil neigte,
Der Verläßlichkeit nicht zeigte,
Und die Waffen wär ich los.

Nun, das war ein schneller Schuß,
Denn ich hatte für die Waffen,
Größte Sicherheit geschaffen,
Zu schnell, wie ich sagen muß.

Doch das kenn ich vom Gericht,
Richter decken die Kollegen,
Gehn dafür auf krummen Wegen,
Auch wenn so das Recht zerbricht.

Armes Deutschland

Gut drei Jahre sind es jetzt,
Da wurd sie auf mich gehetzt,
Unsre werte Polizei,
Es begann die Schweinerei:

Gegen mich zog, mit Schikanen,
Sie beständig ihre Bahnen,
Ließ mit deutschen Strafgerichten
Ihren Lügenbrei verdichten.

Auch die weiteren Instanzen
Waren einig sich im ganzen;
Bürger, die sich hier nicht bücken,
Muß die Staatsmacht unterdrücken!

Die Berufung wird's nicht geben,
Wurd mir mitgeteilt soeben;
Richter haben dies entschieden,
Wahrheitsfindung streng gemieden.

Und Politiker? Von wegen,
Dieser Fall kam ungelegen;
Was auch immer ich geschrieben,
Resonanz ist ausgeblieben.

Doch gewohnt, in allen Lagen,
Selbst Verantwortung zu tragen,
Kommt eine Verfassungsklage
Für mich nun nicht mehr in Frage.

Ich lernte, mit viel Vertrauen,
In die Unrechtsprechung schauen,
Werde fortan nicht mehr klagen,
Kann nur »Armes Deutschland« sagen.

Ein feiner Staat

Recht und Freiheit sollt ich schützen;
Dafür zog man mich einst ein,
Um dem deutschen Volk zu nützen,
Mußt ich gut gerüstet sein.

Lernt' den Wurf mit Handgranaten,
Schoß mit dem Maschin'gewehr,
Panzerfaust, schlug mit dem Spaten,
Unsrem Vaterland zur Ehr.

Weil ich mich so gut bewährte,
Ging ich ab als Offizier,
Der den Waffenumgang lehrte,
Und man gratulierte mir.

Heute nun ist das vergessen,
Man zog die Pistole ein,
Die zum Selbstschutz ich besessen,
Dies würd zu gefährlich sein.

Es war eine Schreckschußwaffe,
Die durch ihren lauten Knall,
Das begreift wohl selbst ein Laffe,
Schützen sollt vor Überfall.

Für die Polizei hingegen
War das gar nicht zu verstehn,
Sah, tat schriftlich dies belegen,
Nun von mir Gefahr ausgehn.

Ging's um Raub und Überfälle,
Und die gab es hier zuhauf,
War sie aber nie zur Stelle,
Nahm ein Protokoll nur auf.

Recht und Freiheit mein Bestreben,
Setzte ein mich in der Tat;
Jetzt könnt ich mich übergeben,
Schau ich diesen feinen Staat.

Verleumdung und Ehre

*Es heißt, die Verleumdung wäre
Stets ein Angriff auf die Ehre;
Öffentliches Widerlegen
Wirkt dem Rufmord dann entgegen.*

*Die Verleumder sollt man kennen,
Deshalb sie beim Namen nennen,
Insbesondre bei Gestalten,
Die im Lande Macht entfalten.*

*Auch die Richter würden schlauer,
Lesen sie bei Schopenhauer,*
Was gerade vorgetragen
Und dem Recht sich nicht versagen.*

*Könnten Einsicht nun bezeugen,
Sich vorm Unrecht nicht mehr beugen,
Eine letzte Chance sich geben
Und das Buchverbot aufheben.*

---

*   Sh.: A. Schopenhauer „Aphorismen zur Lebensweisheit".

Nutze Deine Möglichkeit

Es gibt die Gerichtsbarkeit,
Die aus Willkür ihrer Macht,
Unabhängig von der Zeit,[1]
Wahrheitsstreben nur verlacht.

Auf den Staat verlaß Dich nicht,
Magst ihm treu gewesen sein,
Fällt dann gar nicht ins Gewicht,[2]
Kommts drauf an, bist Du allein.

Nur wenn Menschen bei Dir stehn,
Die ein wahres Sein bewegt,[3]
Kannst Du einen Lichtblick sehn,
Der mit Dir Dein Handeln trägt.

Gleichwohl, die Verlorenheit,
Die dem Mensch wird offenbar,
Hält die Forderung bereit,[4]
Sich zu stellen fest und klar,

Seiner eignen Möglichkeit,
Darauf kommt es letztlich an,
Auf sich nehmen auch das Leid,
Damit Freiheit atmen kann.[5]

---

* 1–5 Karl Jaspers, „Mitverantwortlich", Der Mensch, S. 401.

Widerstand als Recht der Treue*

Es verletzt des Menschen Würde,
Wenn ihn fremde Willkür quält,
Mit erdrückend schwerer Bürde
Ihn zu ihrem Opfer wählt.

Muß er mutig sich erwehren,
Treu sich selbst in seiner Not,
Der Gerechtigkeit zu Ehren,
Und dem Guten als Gebot.

Widerstand, der so geboren,
Ist der Ordnung Grundbestand,
Gibt die Freiheit nicht verloren,
Als des Rechtes Unterpfand.

Wird das Recht zum Widerstehen
Recht der Treue, uns zur Pflicht,
Läßt das Recht nicht untergehen,
Führt es wieder an das Licht.

Dies gilt, wo des Rechtes Formen
Der Gemeinschaft noch bestehn,
Doch erst recht, wo seine Normen
Durch Gewalt zugrunde gehn.

---

* Prof. Dr. Ernst von Hippel, „Schicksalsfragen der Gegenwart", Zweiter Band, S. 208 ff.

Gelöbnis - Widerruf

Hiermit gebe ich bekannt, daß ich mich an mein als Soldat abgegebenes Gelöbnis »**der Bundesrepublik Deutschland treu zu dienen und das Recht und die Freiheit des Deutschen Volkes tapfer zu verteidigen**« nicht mehr gebunden fühle.
Die Hamburger Lügenpolizei und eine schändliche Justiz haben mir vorgeworfen, daß ich nicht in der Lage wäre, verantwortlich mit einem Luftgewehr und einer Schreckschußpistole umzugehen. Diese sogenannten Waffen wurden mir entzogen, obwohl ich deutsche Soldaten an Waffen ausgebildet habe und es auch heute noch als Reserveoffizier in körperlicher und geistiger Hinsicht mit Polizisten aufnehmen kann.
Ich habe den Vorgang in meinem Buch »Bürger wacht auf!« ausführlich dargestellt und empfehle, insbesondere unseren Soldaten, sich hierüber zu informieren.

Hubertus Scheurer
Dipl.-Kfm./Rechtsbeistand/Reserveoffizier

Gerhard Löwenthal*

Einen Namen wolln wir nennen,
Den heut nicht mehr viele kennen,
Gerhard Löwenthal, ein Mann,
Auf den das Fernsehn stolz sein kann.

Redakteur ist er gewesen,
Meister im Levitenlesen,
Der dem ZDF gab viel:
Ein politisches Profil.

Sein Kampf galt der Todesmauer
Kommunistischer Erbauer;
Durch ihn wurden seinerzeit
Eingekerkerte befreit.

Die Gerd Knesel damals schmähten,
Seine Liedtexte verdrehten,
Hat im Fernsehn er benannt,
Machte Knesel dort bekannt.

Der ihm dankbar war verbunden
Bis zu seinen letzten Stunden;
Deutschlands Dank wurd ihm derweil,
Nun vereint, noch nicht zuteil.

---

* ZDF-Redakteur von 1968–1987. 1978: Mitbegründer der Hilfsorganisation „Hilferufe von Drüben".

Der alternative Liedermacher

Knebel für Knesel
**BERUFSVERBOT
FÜR VERFASSUNGSTREUEN LIEDERMACHER**

Das, was zur Zeit mit Deutschlands einzigen konservativen Liedermacher Gerd Knesel geschieht, ist faktisch ein Berufsverbot. Repressalien übelster Art sollen ihm mit seinen unbequemen Liedern mundtot machen. Ein Fall von einem echten Berufsverbot.
Gerd Knesel, 34 Jahre alt, Bassist in einer Zigeuner-Jazzband kam zum politischen Song durch Zufall, durch ein Schlüsselerlebnis, wie er es formuliert. Während eines Wohltätigkeitskonzertes für Kinder, bei dem unter anderen auch er auftrat, wurden nur linke Polit-Songs verbreitet. Indoktrination der Kinder. Das war für Knesel Anlaß, dagegen etwas zu unternehmen.
Doch kaum war der Name Knesel und die politische Richtung, die er vertritt, bekannt, versammelte sich die linke Lieder-Schickeria gegen ihn und forderte Knesels Plattenverlag RCA auf, den Vertrag mit Knesel zu lösen. Mittlerweile ist dies auch geschehen !!! Damit aber nicht genug. Einige Skandal- und Bulevard-Blättchen versuchen Knesel den Rest zu geben.

Man zitiert seine Texte — aber falsch !!! So falsch, daß natürlich eine typisch linke Klischee-Vorstellung über einen „Rechten" zusammengebastelt werden konnte.
Beispiel für diese Manipulation der Meinungsbildung ist die Wiedergabe eines Refrains, der im Original so lautet:
„Denn was link ist, ist nicht recht"
und in der SPD-Zeitung „Hamburger-Morgenpost" und im „Stern" so wiederzufinden ist:

„Denn was links ist, ist nicht recht".

Ein simples „s" mit großer Tragweite. Daß die Gegendarstellung auf dem Fuße folgte und von diesen Meinungs- und Stimmungsmachern veröffentlicht werden mußte, sei nur am Rande erwähnt. Dennoch aber zeigte diese Kampagne der vereinigten Linken Erfolg: Knesels Band darf in Hamburger Jazzlokalen , in Berlin und anderswo nicht mehr mit Bassist Knesel auftreten !!!!!!!!

Gerd Knesel

Bei ihm sehen die Roten rot

Bezeichnend ist auch das Verhalten der öffentlich-rechtlichen Rundfunkanstalten, die vom Gesetz her zur Ausgewogenheit verpflichtet sind. Ein Biermann darf in Sondersendungen über die Mattscheibe gehen und gegen unsere Ordnung polemisieren. Der Protest aus der anderen Ecke wird stillschweigend übergangen oder durch Verzerrungen als „faschistoid" und „reaktionär" dargestellt. Ausnahmen hiervon machten Gerhard Löwenthal im ZDF-Magazin des Zweiten Deutschen Fernsehens oder Franz Rüger von der Unterhaltungs-Redaktion des Hessischen Rundfunks.

Von der Freiheit, die sie meinen

Grundrechte-Skandal um den Liedermacher Gerd Knesel

Betr. »Gerd Knesel sang für Hilferufe von drüben«, »bz« vom 28. 3.

Der Liederabend mit Gerd Knesel am letzten Donnerstag war für alle, die mit friedlichen Absichten zu dieser Veranstaltung der Paneuropa-Jugend gekommen waren, ein sehr lehrreicher Anschauungsunterricht in Sachen Demokratie.

Mit ihren einfältigen Störmanövern machten die linken Schreier lediglich jedermann ihre grenzenlose Ignoranz und Intoleranz deutlich. Das wütende Gezeter, welches die Lieder von Gerd Knesel begleitete, offenbarte uns nur die geistige Einbahnstraße und den politischen Fanatismus dieser »neuen Jugendbewegung«, welche nicht einmal in der Lage ist, friedlich zu diskutieren.

Unter den friedlichen Zuschauern befand sich ein jüngerer Mann, der erst kürzlich aus »DDR«-Gefängnissen zu uns übersiedeln konnte. Er hatte aus seiner oppositionellen Haltung drüben wenig Hehl gemacht und als er auf einer SED-»Wahlveranstaltung« aufstand und fragte, wie denn bei jeder Wahl über 90 Prozent für die SED zustande kämen, brachte dies das Faß zum Überlaufen. Er wurde aus dem Saal geholt und später zu insgesamt 12 Jahren Zuchthaus verurteilt.

Als er nach drei Jahren mit gesundheitlichen Haftschäden in die Bundesrepublik freigekauft wurde, suchte er Anschluß zu Personen und Gruppen, wie Gerd Knesel oder die Paneuropa-Jugend, die auf die Zustände in der »DDR« aufmerksam machen.

Wenn man die Macher aus den Monopolanstalten darauf ansprach, daß es nur Linksberieselung durch Liedermacher über den Äther gebe, zuckten sie entschuldigend die Achseln und meinten, es gebe weder konservative Protestsänger noch Kabarettisten. Nun gibt es eine Alternative, aber man schneidet sie.

Der „Fall Knesel" wird zu einer Nagelprobe für die Meinungsfreiheit in diesem Land. Man darf gespannt sein, ob eine Schallplattenfirma in Deutschland den Mut findet, auch jenes Spektrum in seinem Angebot mitzuberücksichtigen, hinter dem rund die Hälfte der deutschen Bevölkerung steht. Oder rührt man lieber weiter den linken Einheitsbrei? Auch die Unionsparteien sollten Solidarität mit dem begabten Mittdreißiger aus Geesthacht demonstrieren. Wer sich für die Union schlägt, hat mehr als Beifall für Wahlkampf-Kundgebungen verdient. Man sollte sich auch danach seiner erinnern.

Daß Knesels Konzerte gestört werden, Autos demoliert werden, Prügel- und Morddrohungen ankommen, gehört zum täglichen Leben eines Gerd Knesels, genau wie die Tatsache, daß Postsendungen spurlos verschwinden. Aber nicht nur Zeitungen versuchen ihn zurechtzustutzen, das Fernsehen, vor allem der Norddeutsche Rundfunk, spielt da kräftig mit. Ein Interview, das er gegeben hatte, wurde so verstümmelt, daß die Antworten total unsinnig waren. Eine Beschwerde war natürlich erfolglos. Die Satire erlaubt das.

Hier nun muß er miterleben, wie in unserer freiheitlichen Demokratie engstirnige Jugendliche, die noch nie wirtschaftliche Not oder geistige Unfreiheit erfuhren seine Kerkermeister huldigen und ihn daran hindern wollen, die in der Verfassung niedergelegte Versammlungsfreiheit in Anspruch zu nehmen... Dies sollte uns zu denken geben und wir sollten wissen, wogegen wir uns zu wenden haben, wenn wir unsere Demokratie schützen wollen.

...sollte uns zu denken geben

Gerd Knesel, aus Geesthacht im Kreise Herzogtum Lauenburg, der unterdessen an seiner dritten LP arbeitet, ist eine einsame Stimme im Chor der deutschen Liedermacher. Dementsprechend wird er auch massiv verschwiegen und auch schikaniert.

Seine Lieder werden in unseren öffentlich-rechtlichen Rundfunkanstalten nie gespielt, seine Platten sind nur mit Mühe in den Musikgeschäften zu bekommen.

Gerd Knesel ist unbequem, er ist ein Zeichen für die Linken, daß sich bei der beachtlichen Zahl der Jugendlichen, die nicht links, bunt, grün oder rot sind, etwas rührt, daß man die Liederszene nun nicht alleine den linken Liedermachern überläßt.

Doch einer alleine kann nicht gegen unbarmherzigen Druck vorgehen, jeder ist aufgerufen, diese erste musikalische Stimme unserer Überzeugung und Meinung zu unterstützen.

Wir müssen die Sender auffordern, durch Anrufe und Anfragen, Gerd Knesels Lieder zu spielen.

Berauben wir uns nicht der Chance, eine Stimme in diesem Chor zu haben.
Es darf nicht bei diesem Anfang bleiben. Unterstützung für Knesel, Verbreitung seiner Lieder und Aufmunterung für andere, es ihm gleichzutun, dies alles geht Hand in Hand.

Veröffentlichte, von Gerd Knesel gesungene, Liedtexte gegen die linken Genossen und die sozialistische Mauerbau- und Mörderbande

Sie knüpfen für uns die Schlingen

*Sie knüpfen für uns die Schlingen
Fleißig die linken Brüder,
Es wird ihnen noch gelingen,
Wir werden ja müder und müder
Und liefern zum guten Gelingen
Den Hanf noch für unsere Schlingen.*

*Sie knüpfen auf unsere Kosten
Fleißig die linken Brüder,
Erhalten behördliche Posten,
Wir werden ja müder und müder
Und liefern ……*

*Sie knüpfen in den Gerichten
Fleißig die linken Brüder,
Wir kennen sie, die Geschichten
Und werden ja müder und müder
Und liefern ……*

*Sie knüpfen in Zeitung und Sendern
Fleißig die linken Brüder,
Wir tun nichts, um dies zu ändern
Und werden ja müder und müder
Und liefern ……*

Sie knüpfen auch in den Schulen
Fleißig die linken Brüder,
Wolln um unsere Kinder buhlen,
Wir werden ja müder und müder
Und liefern ......

Sie knüpfen politisch offen
Fleißig die linken Brüder,
Was gibt es da noch zu hoffen,
Wir werden ja müder und müder
Und liefern ......

Die meinen das nicht so

Die Kommunisten sagen:
Die Welt wird einmal rot
Und seht doch nur Europa,
Das ist ja schon halbtot.

Die Taktik heißt Salami,
Wir nehmen Stück für Stück
Und ihr im satten Westen
Merkt nichts von eurem Glück.

Die meinen das nicht so, so hört man bei uns sagen,
Da braucht man zum Beweis nur den Herrn W. zu fragen.

Es steht an unsren Grenzen
Schon ein Millionenheer,
Doch manche Leute fragen,
Wozu die Bundeswehr?

Wenn drüben die marschieren,
Bedeutet das nicht viel
Und wenn die Panzer rollen,
Ist das Soldatenspiel.

Die meinen das nicht so, so hört man bei uns sagen,
Da braucht man zum Beweis nur den Herrn W. zu fragen.

Wenn drüben die aufrüsten
Mit mehrfach overkill,
Mit Bomben und Raketen
Und unter hartem Drill,

Wenn man die Ostblockländer
In seine Knechtschaft zwingt,
Dann sagt das überhaupt nicht,
Daß man uns Böses bringt.

Die meinen das nicht so, so hört man bei uns sagen.
Da braucht man zum Beweis nur den Herrn W. zu fragen.

Was ist mit dem Deutschland drüben?

Was ist mit dem Deutschland drüben,
Hinter Mauer, Stacheldraht?
Menschen wie wir, die wir lieben,
Doch was ist mit ihrem Staat?

Wehe will man ihn verlassen,
Blut klebt an der Todeswand,
Kein Gefühl kann es je fassen,
Staatsbefohlne Mörderhand!

So ein Staat tut nichts dagegen,
Wenn ein kleines Kind ertrinkt,
Und man ahnt das nächste Opfer,
Das er auf die Schlachtbank bringt.

Und wir schweigen nur verlegen,
Weil man allzu gern vergißt,
Kommen solchem Staat entgegen,
Weil man für Entspannung ist.

Diese Politik ist fraglich,
Fällt ein Sinn dabei auch ein,
Menschlich bleibt sie unbehaglich,
Kein Grund darauf stolz zu sein!

So mancher nennt sich Anwalt

So mancher nennt sich Anwalt,
Er meint mit gutem Recht,
Denn mit dem Recht als Mantel,
Da tarnt es sich nicht schlecht.

Linksanwalt, Rechtsanwalt
Beides geht wohl kaum,
Denn was link ist, ist nicht recht,
Sonst bleibt fürs Recht kein Raum!

So gut getarnt im Mantel
Wird fleißig aufgehetzt
Und eine linke Meute
Auf Bürger angesetzt.

Linksanwalt ....

Und selbst der Staat, der ihnen
Die guten Mäntel gibt,
Den wüßten sie am liebsten
Von Kugeln ganz durchsiebt.

Linskanwalt ....

Kommt doch einmal zum Vorschein
Was unterm Mantel steckt,
Dann findet sich schon einer,
Der solche Leute deckt.

Linksanwalt ....

*Man nimmt ihnen den Mantel
Für ein paar Jahre bloß
Und haben sie ihn wieder,
Dann geht's von vorne los.*

Linksanwalt ....

Nie wieder Krieg!

*Oft schon war Euch das Heil versprochen,
Ein großer Sieg, ein großes Glück,
Der Friede wurde drum gebrochen,
Man fiel in Anarchie zurück.
Millionen Menschen sind gestorben
Für Machtwahn, Ideologie,
Doch weiter wird dafür geworben,
Nie wieder wolln wir Kriege, nie!*

*Völker lebt für den Frieden,
Schluß mit jedem Gefecht!
So ist Euch Glück beschieden,
Lebt für das Menschenrecht!
Völker lebt für den Frieden,
Ächtet fortan den Krieg!
So ist Euch Glück beschieden,
Dies wär' der größte Sieg!*

*Die Phantasie vom roten Morgen,
Die roten Terror währen läßt,
Es gibt kein Leben ohne Sorgen,
Das, was ihr habt, das haltet fest!
Auf Freiheit wolln wir uns einschwören,
Des Menschen Recht, Demokratie,
Und jeder in der Welt soll hören,
Nie wieder wolln wir Kriege, nie!*

Völker lebt für ....

Das Glück von heute wolln wir leben,
Das Paradies, es bleibt ein Traum,
Im menschlich Zueinanderstreben
Da schafft das Glück sich seinen Raum.
Sein Boden aber ist der Frieden,
Die Unterdrückung ächtet sie!
Ein Land das Krieg führt, wird gemieden,
Nie wieder wolln wir Kriege, nie!

Völker lebt für ....

Die linken Demonstranten

Die linken Demonstranten
Schaut mal genauer hin,
Dann werdet Ihr schnell sehen,
Was denen liegt im Sinn.

Es geht nicht um den Menschen,
Denn der ist ihnen gleich,
Für sie zählt doch der Zweck nur,
Das ist ein Viertes Reich.

Der einzelne ist gar nichts, da liegen wir ganz schief,
Bei ihnen ist von Wert nur allein das Kollektiv!
Der einzelne ist gar nichts, da liegen wir ganz schief,
Bei ihnen zählt allein das Kollektiv!

Atomkraft hier im Westen
Das ist ganz unerhört,
Doch über die im Osten
Hat keiner sich empört.

Die Toten an der Mauer,
Die kann man übersehn,
Doch für die roten Lehrer
Gern auf die Straße gehen.

Der einzelne ist gar nichts, da liegen wir ganz schief,
Bei ihnen ist von Wert nur allein das Kollektiv!
Der einzelne ist gar nichts, da liegen wir ganz schief,
Bei ihnen zählt allein das Kollektiv!

Verbrechen in Kambodscha
Da waren sie ganz still,
Doch wehe, wenn ein andrer
Den Roten etwas will.

Die Menschenrechte sind so
Ein Mittel nur zum Zweck,
Mit Roten dann am Ruder
Sind auch die Rechte weg.

Der einzelne ist gar nichts, da liegen wir ganz schief,
Bei ihnen ist von Wert nur allein das Kollektiv!
Der einzelne ist gar nichts, da liegen wir ganz schief,
Bei ihnen zählt allein das Kollektiv!

Die sogenannte DDR

Den deutschen Teil im Osten
Den nennt man DDR,
Das Wörtchen „sogenannte"
Sagt dabei keiner mehr.

Und auch die Gänsefüßchen
Läßt man beim Schreiben weg,
Da frage ich mich manchmal,
Worin liegt hier der Zweck?

Vielleicht ist es Entspannung,
Die man damit bezweckt,
Doch kann man so entspannen,
Indem man Lügen deckt?

Ein Staat, der seine Menschen
Im Lande mauert ein,
Der kann doch ganz unmöglich
Noch demokratisch sein.

Und will einer die Freiheit
Kommt er in große Not,
Denn dort steht auf die Freiheit
Als Strafe gleich der Tod.

Der Ausdruck demokratisch
Der ist doch wohl mehr wert
Als dass man ihn gerade
Ins Gegenteil verkehrt.

Um dem nicht auch zu folgen,
Geb' ich hiermit bekannt,
Die DDR, die gibt's nicht,
Sie wird nur so genannt!

Genosse gebier man!

Ich nahm mich an der Linken,
Das fanden die nicht recht;
Sie sprachen von Faschismus,
Und den find' ich auch schlecht!

So hört man meine Lieder
Im Hörfunk leider nicht,
Denn dort hat, was sich links dreht,
Nun mal das Hauptgewicht.

Hier sing' ich für die Linken,
Stimm' in den Chor mit ein,
Und sicher wird dies Lied dann
Ein Hit im Hörfunk sein.

Ich sing': Genosse Biermann
Gebier die neue Welt,
Ob lebend oder tot-rot
Ganz wie es Dir gefällt!

Ins Liederbuch der Schulen
Mußt Du Genosse rein,
Damit die Kinder singen
Vom fetten Bürgerschwein!

Ein Lehrstuhl dem Genossen
Mit einer Staatspension,
Ich meine, liebe Leute,
Das schulden wir ihm schon!

Ach ja, Genosse Biermann,
Genosse mach uns frei,
Gebier die roten Träume
Dann fühlen wir uns high!

Genosse, bist gekommen
Vom Regen in die Jauch',
Dem Schicksal wolln wir danken
Und Dir natürlich auch!

Ein Brief aus dem Gulag

*Ein Brief aus dem Gulag kam bei uns an
Und wurde durch Zufall entdeckt,
Ein Brief der Verdammten, an jedermann
Der lag zwischen Bauholz versteckt.*

*Wir dachten an Freiheit, so schrieben sie,
Zu laut haben wir dran gedacht,
An Recht, an Freiheit und Demokratie,
Man hat uns ins Lager gebracht.*

*Wir werden geknechtet, steht in dem Brief,
Man glaubt, daß man uns so zerbricht,
Dem Tod sind wir nahe, wir fielen tief,
Doch den Mut, den nimmt man uns nicht.*

*So kämpfen wir weiter, im Geiste frei,
Die Ketten sind schwer, viel zu schwer,
Wir hoffen, daß es nicht vergeblich sei,
Doch für uns hoffen wir nicht mehr.*

*Wir bitten Euch sehr, laßt uns nicht allein,
Steht uns moralisch zur Seite,
Ihr lebt in Freiheit, setzt Euch für sie ein,
Vergeßt nicht Sibiriens Weite!*

---

*Anmerkung:
Es handelt sich um einen Brief der russischen Dichter und
Bürgerrechtler N. Achmetow und W. Michalenko.*

Afghanistan

Afghanistan, um Dich ist's still,
Drum werd ich von Dir singen;
Wenn man Dein Leid verschweigen will,
Darf dies niemals gelingen.

Afghanistan, so spricht sein Feind,
Hat mich doch hergebeten,
Und deshalb kann er, wie er meint,
Ein ganzes Land zertreten.

Afghanistan, in einem Jahr
Fünfhunderttausend Tote!
Und dieser Feind posaunt fürwahr,
Er wär der Friedensbote.

Afghanistan, ein Flüchtlingsland
In allergrößten Nöten,
Was nützt es, wenn man nur entspannt,
Um anderswo zu töten?

Afghanistan, ein Völkermord,
Im HOLOCAUST von heute,
Denkt man schon an den nächsten Ort,
An immer größre Beute?

Afghanistan, in Trümmern, Rauch,
Helft denen, die ertrinken,
Seid wachsam, könntet Ihr sonst auch
Im HOLOCAUST versinken!

Solidarität

Nun wollten sich auch die Polen befrein,
Von den Fesseln beherrschender Macht,
Und ihr Streben nach selbstbestimmendem Sein
Wurd' gewaltsam zum Stehen gebracht.

Doch die Friedensgenossen in Deutschland West
Hunderttausende sah ich marschieren,
Durch die Straßen mit geballter Faust
Gegen das Unrecht protestieren.
Und ein Wort, das stießen sie alle aus:
Solidarität!
Solidarität,
Dieses Wort wuchs an zum mächtigen Schwall,
Wurde Wirklichkeit, es war überall,
Denn für den Freiheitskampf in Polen steht
Solidarität, Solidarität.
Doch die Friedensgenossen in Deutschland West
Ich hatt' nur im Traum sie gesehen,
In Wirklichkeit war nichts geschehen;
Sie waren nicht da, wo warn sie geblieben?
Es spricht für sich, daß sie schweigen, nur schweigen.

Nun wurde auch in Polen geschossen,
Der Freiheitsfunken mit Waffen erstickt,
Und wieder ist kostbares Blut geflossen,
Wurden Menschen gefangen, in Lager geschickt.

Doch die Friedensgenossen in Deutschland West
Hunderttausende sah ich marschieren,
Durch die Straßen mit geballter Faust
Gegen das Unrecht protestieren.
Und ein Wort, das stießen sie alle aus:
Solidarität!
Solidarität,
Dieses Wort wuchs an zum mächtigen Schwall,
Wurde Wirklichkeit, es war überall,
Denn für den Freiheitskampf in Polen steht
Solidarität, Solidarität.
Doch die Friedensgenossen in Deutschland West
Ich hatt' nur im Traum sie gesehen,
In Wirklichkeit war nichts geschehen;
Sie waren nicht da, wo warn sie geblieben?
Es spricht für sich, daß sie schwiegen, nur schwiegen.

Soldat der Bundeswehr

*Ein Kreuz an der Mauer zum anderen Staat,
Ein Mensch wurde dort erschossen;
Er schrie verzweifelt im Stacheldraht,
Sein Blut ist ganz sinnlos geflossen.*

*Ich schaue gen Osten und mir wird kalt,
So will man die Welt neu gestalten;
Nur die eigene Kraft gibt uns Schutz vor Gewalt,
Zum Soldaten müssen wir halten.*

*Soldat, Soldat wir danken Dir,
Du schützt das Heimatland,
Für Recht und für die Freiheit hier
Bist Du uns der Garant.*

*Soldat, Soldat der Bundeswehr
Erfüllst treu Deine Pflicht,
Fällt Dir der Dienst auch noch so schwer,
Vergeblich ist er nicht.*

*Der freie Wille im Sklavenjoch
Hat sich damals in Ungarn erhoben,
Hielt die Fahne der Freiheit im Sterben noch
Im Todeskampfe nach oben.*

*So auch in Prag und in Ostberlin
Mußten Menschen den Panzern weichen,
Und die Panzer würden Paris und Wien,
Wenn sie könnten, gewaltsam erreichen.*

*Afghanistan wurde überrannt,
Die Heimat Millionen genommen,
Sie durften noch froh sein, aus eigenem Land,
Mit dem Leben davonzukommen.*

*Die Dörfer zerstört und niedergemäht
Die Männer, auch Kinder und Frauen,
Wer wollte da, wenn es um unser Land geht,
Der roten Sichel vertrauen?*

*Soldat, Soldat wir danken Dir,
Du schützt das Heimatland,
Für Recht und für die Freiheit hier
Bist Du uns der Garant.*

*Soldat, Soldat der Bundeswehr
Erfüllst treu Deine Pflicht,
Fällt Dir der Dienst auch noch so schwer,
Vergeblich ist er nicht.*

Genossen stellt das Rüsten ein!

Genossen laßt von Eurem Plan,
Die Welt ganz zu besiegen,
Sonst wird sie einst durch Euren Wahn
In Schutt und Asche liegen.

Stellt endlich Euer Rüsten ein,
Wir brauchten nicht mehr Waffen
Und könnten dann ein schönres Sein
Für alle Menschen schaffen.

Genossen seht doch Euer Land,
Die kolossalen Weiten,
Was müßt Ihr gegen den Verstand
Um Machtausdehnung streiten?

Statt Waffen sorgt einmal für Brot,
Das Volk wird es Euch danken,
Der Traum von einer Welt in rot
Setzt Eurem Fortschritt Schranken.

Wär Frieden Euch nicht nur ein Wort,
Brauchtet Ihr keine Mauern;
Sie liefen Euch dann nicht mehr fort,
Die Arbeiter und Bauern.

Gern reichen wir die Hand Euch hin,
Wollt Ihr uns nicht gebieten,
Bekäm auch Hilfe einen Sinn,
Zum Beispiel mit Krediten.

Genossen ruft nicht zum Gefecht,
Laßt uns nach Eintracht streben;
Gewalt schafft niemals Menschenrecht,
Wir wolln in Frieden leben.

Genossen gebt ihn auf den Plan,
Die Welt ganz zu besiegen,
Sonst wird sie einst durch Euren Wahn
In Schutt und Asche liegen.

Frieden ohne Waffen?

Frieden schaffen, ohne Waffen einzusetzen,
Frieden schaffen, ohne jemand zu verletzen,
Frieden halten, ohne Waffen zu verwenden,
Alle Kriege endlich zu beenden,
Das ist unser Ziel, das ist unser Ziel;
Das ist unser Ziel!

Frieden halten ohne noch mehr Waffen,
Überall, man müßte es doch schaffen,
Ohne noch mehr Waffen Frieden bringen,
Ja, das könnte vielleicht auch gelingen;
Frieden halten, Waffen reduzieren,
Gleichgewichtig möchten wir probieren;
Das ist unser Ziel, das ist unser Ziel;
Das ist unser Ziel!

Frieden halten, ohne Waffen zu bestehen,
Leider wär's wie blind zum Abgrund gehen;
Frieden schaffen ohne Waffen für den Frieden,
Schnell wär uns der Untergang beschieden.
Das ist nicht das Ziel, das ist nicht das Ziel,
Sondern kindliches Gedankenspiel,
Führt niemals hin zum Friedensziel.

Der gutgläubige Hase

Ein Hase lebte einst recht froh
An eines Waldes Rand,
Wo er genügend Sonnenschein
Und gut zu essen fand.

Jedoch, es gab den Jägersmann,
Der setzte ihm oft zu
Und störte so, welch Ärgernis,
Des Hasen schöne Ruh.

Nur war der Hase wachsam stets,
Bei seinem schnellen Lauf,
Gab meistens auch nach kurzer Hatz
Der Jäger pustend auf.

Der Jäger dachte, ohne List
Krieg ich den Hasen kaum
Und stieg des Nachts am Waldesrand
Ganz leis auf einen Baum.

Der nächste Morgen sollt bestimmt
Des Hasen letzter sein,
Doch in der ersten Dämmerung
Schlief fest der Jäger ein.

Da plötzlich schreckt' er aus dem Schlaf,
Es rutschte sein Gewehr,
Und wie er es noch fassen wollt,
Fiel er gleich hinterher.

Der Hase kam gerad vorbei,
Begriff die Lage schnell,
Als eben schlug die Flinte auf,
War er bereits zur Stell'.

Er nahm die Flinte eilends hoch,
Kaum daß er sich versah,
Lag fluchend und vom Fall lädiert
Der Jäger vor ihm da.

Wie der sich nun erheben will,
Prallt er sogleich zurück,
Denn in den eignen Flintenlauf
Fiel sein verstörter Blick.

Doch rasch besann der Jäger sich
Und sprach: Laß uns Häslein,
Ich hab schon oft daran gedacht,
Von nun an Freunde sein.

Was siehst Du mich so zweifelnd an
Gibst Du mir mein Gewehr,
Schau nur, ich schwöre diesen Eid
Ich schieß auf Dich nie mehr!

Du glaubst mir das noch immer nicht,
Ich geb es schriftlich Dir,
Und flink bracht' er den gleichen
Noch einmal zu Papier

Er reichte es dem Hasen hin,
Der gab's Gewehr zurück,
Freut' sich, daß endlich Frieden wär
Und auf sein Hasenglück.

Der Jäger lächelte verschmitzt
Sagte, auf Wiedersehn,
Mein Hase, Du kannst ganz beruhigt
Jetzt Deines Weges gehn.

Am nächsten Tag träumte der Has
Im warmen Sonnenschein,
Er brauchte ja fortan nicht mehr
Auf seiner Hut zu sein.

Der Jäger aber schlich sich an,
Er schlug den Hasen tot,
Und neben ihm lag das Papier
Von seinem Blut ganz rot.

(Ein anderer Jäger sagte: „Mit aller Verantwortung kann ich erklären, daß die Sowjet-Union unter keinen Umständen Kernwaffen gegen Staaten einsetzen wird, die auf die Produktion und Anschaffung solcher Waffen verzichten und sie nicht auf ihrem Territorium stationiert haben. Wir sind bereit, das jedem Land, ohne auch nur eine einzige Ausnahme, vertraglich zu garantieren.")

Sing Genosse! Sing!

Im deutschen Zweitstaat sitzt man schnell
In einem Zuchthaus drin,
Und geht es um „Politische"
Bringt das dem Staat Gewinn.

Der Sachse mit dem spitzen Bart,
Der das noch ausgedacht,
Hätt sicher auch recht gern ein Lied
Wie's folgende gemacht:

Sing Genosse! Sing!
Das ist ein schönes Ding!
So kommen wir ans Geld
Zum Aufbau unsrer Welt!

Sing Genosse! Sing!
Das ist ein schönes Ding!
So richtig fürs Gemüt,
Wenn dieser Handel blüht!

Wird eine Strafe hoch gesetzt,
Ist das am besten dann,
Weil man für den, der länger sitzt,
Mehr D-Mark nehmen kann.

Es sind im Jahr Millionen Mark,
Die bringt der Handel ein,
Da kann der Staat bei dem Geschäft
Doch wohl zufrieden sein.

Sing Genosse! Sing! ....

Wie schön auch diese Einigkeit,
Man handelt ganz diskret,
Denn sonst käm sicher irgendwer,
Der das nicht recht versteht.

Dabei macht jeder sein Geschäft,
Beziehungen normal,
Entspannt auch die Verhältnisse,
Ja, Mauer-Staat-Moral!

Sing Genosse! Sing! ....

Gedanken eines militanten Demonstranten

Ihr sagt, Ihr wärt die Macher,
Das ist ja allerhand;
Wenn heute einer Macher ist,
Dann ist's der Demonstrant!

Was könnt Ihr denn schon machen?
Ihr seid doch viel zu flau,
Denkt doch nur mal zum Beispiel
An Euren Kraftwerkbau.

Wir haben durch die Rechnung
Euch einen Strich gemacht,
Und baut Ihr trotzdem weiter,
Dann nehmt Euch bloß in acht!

Wir halten Euch, wir halten Euch, wir halten Euch in Gang
Und zeigen Euch, und zeigen Euch, wo's richtig geht entlang.

Wir machen unsre Demos,
Geplant von langer Hand,
Und halten wir's für richtig,
Dann sind wir militant.

Solln doch die Scheiben klirren,
Und wenn ein Auto brennt,
Ist's lustig anzusehen,
Wie'n braver Bürger rennt.

Auch Eure Polizisten,
Die schüchtern uns nicht ein,
Dagegen hilft am besten
Ein gut geworfner Stein.

Wir halten Euch, wir halten Euch ………..

Ihr sagt, Ihr wärt die Macher,
Das ist ja allerhand;
Wenn heute einer Macher ist,
Dann ist's der Demonstrant.

Was macht Ihr bei den Häusern,
Wir haben sie besetzt,
Da hieß es doch zuerst noch,
Wir hätten Recht verletzt.

Inzwischen seht Ihr selbst ein,
Ihr wißt Euch keinen Rat.
Und wir besetzen weiter,
Sind stets bereit zur Tat.

Wir halten Euch, wir halten Euch ………..

Soweit der militante
Gewalttat-Demonstrant,
Doch wenn die Macher gehen,
Wird schwerer wohl sein Stand.

Gewalt ist nicht zu dulden,
Sonst stirbt Demokratie,
Dagegen eskaliert Gewalt,
Zeigt man ihr Sympathie.

Ihr sagt, Ihr wärt die Macher,
Das ist ja allerhand;
Wenn heute einer Macher ist,
Dann ist's der Demonstrant.

Laßt uns nur weitermachen,
Ihr werdet es schon sehn,
Wir machen Euch noch Beine,
Und dann, dann könnt ihr gehn.

Wir halten Euch, wir halten Euch ....

Kinder, Kinder!

Uns ist beschert ein neuer Kreis
Moderner Pädagogen,
Der gibt als letzte Weisheit preis:
Das Kind wird falsch erzogen.

Und was geändert werden soll,
Auch das kann man schon lesen;
Es gipfelt, hörn Sie, einfach toll,
In etwa diesen Thesen.

Ein Kind braucht Sex ganz ungehemmt
Mit Männern, Frauen, Kindern,
Sonst ist es später zu verklemmt,
Und das muß man verhindern.

Das Mädchen soll, wenn es nur will,
Als Kind schon Kinder tragen,
So wird das Kind zum Kinderspiel
In frohen Kindheitstagen.

Und greift das Kind zum Alkohol,
Dann wird es nicht getadelt,
Es geht ja schließlich um sein Wohl,
Und blaues Blut, das adelt.

Ob Kinder in die Schule gehn,
Das müssen sie entscheiden,
Und wenn sie nicht auf Schule stehn,
Dann solln sie sie doch meiden.

Kein Kind wird länger fremdbestimmt,
Ist Zwängen auszusetzen,
Weil man ihm sonst die Freiheit nimmt,
Man könnt es auch verletzen.

Deshalb wird ernstlich noch gewarnt
Vor Vatern und vor Muttern,
Mit Sorge für das Kind getarnt,
Wolln sie es unterbuttern.

Das Kind, es braucht das Kollektiv,
Dies gilt es zu erreichen,
Heraus aus dem Familienmief
Nur Gleiche unter Gleichen.

Soweit der Pädagogenkreis
Mit seinen neuen Lehren,
Da gilt es nach bekannter Weis'
Den Anfängen zu wehren.

Ein Kind braucht liebevollen Raum,
Und wird er ihm genommen,
Kann es entwurzelt wie ein Baum,
Nur allzu leicht verkommen.

Ist es nicht Terror und Gewalt,
Was die Verführer säen?
Gebietet ihnen endlich Halt,
Kein Volk kann sonst bestehen!

Der kleine Prinz

*Ich hab die Geschichte vom kleinen Prinz
In einer Zeitschrift gelesen;*
Wär doch die Geschichte vom kleinen Prinz
Nur ein böses Märchen gewesen!*

*Der kleine Prinz ist kein richtiger Prinz,
Man nennt ihn im Krankenhaus so,
Einen Jungen aus Afghanistan,
Er wird im Leben niemals mehr froh.*

*Auch er war einmal ein glückliches Kind
Und liebte mit Spielzeug zu spielen,
Sein Schicksal begann mit dem Tag, an dem
Bunte Vögel vom Himmel fielen.*

*So ein bunter Vogel zum Spielen gemacht,
Mit Flügeln, die sich bewegen,
Welches Kinderherz hätte da nicht gelacht,
Hat am Straßenrande gelegen.*

*Der Junge lief zu dem Vogel hin,
Nahm ihn vorsichtig in die Hand,
Und die Augen des Jungen strahlten vor Glück,
Daß grad er diesen Vogel fand.*

---

* „Der Spiegel" vom 2. März 1981, S. 151.

Er streichelte seinen Vogel ganz sanft,
Hätt der Junge das nur nicht gemacht;
Ein Schlag und ein grauenhafter Schmerz
Um den Jungen herum wurd es Nacht.

Eine Mine als bunter Vogel getarnt,
Hat die Hände ihm abgerissen,
Er liegt nun verstört im Krankenhaus,
Als kleiner Prinz, wie wir wissen.

Die bunten Vögel für Kinder erdacht,
Kommen aus der Sowjetunion,
Aus dem Land der Freundschaft, des Friedens,
Jeder menschlichen Regung zum Hohn.

Rainer Bäurich

Die Kerkermeister der „DDR"
Halten Rainer Bäurich gefangen;
Sein Verbrechen, es wiegt drüben schwer,
Er wollt' in die Freiheit gelangen.

Rainer Bäurich ein bekennender Christ,
Hat gefleht: So laßt mich ausreisen;
Um zu zeigen, was ein Bekenner dort ist,
Warf man ihn hinter Gitter aus Eisen.

Rainer Bäurich seit Jahren in brutaler Haft
Hat unsägliche Qualen erlitten,
Zu Ende geht es mit seiner Kraft,
Um sein Leben müssen wir bitten.

Für alle Christen gilt als Gebot,
Rainer Bäurich zur Seite zu stehen;
Helft einem Bruder in seiner Not,
Viel Zeit darf nicht mehr vergehen.

Fragt nach Rainer Bäurich, rettet ihn,
Seine Peiniger müssen wir stören,
Und morden sie Rainer Bäurich hin,
Soll die ganze Welt davon hören.

Für alle Christen gilt als Gebot,
Rainer Bäurich zur Seite zu stehen;
Helft einem Bruder in seiner Not,
Viel Zeit darf nicht mehr vergehen.

Lieber rot als tot?

*Lieber rot als tot, was bliebe,
Wenn ich mich diesem Wort verschriebe?*

*Ich nähm' die Leiden andrer hin,
Ängstlich, unfähig zum Protest,
Wenn man sie, die nach Freiheit streben,
In Straflagern vernichten läßt.*

*Ein Prager Frühling rührt' mich nicht,
Wo hoffnungsvoll die Herzen schlugen,
Und Menschen ihre toten Brüder
Verzweifelt dann zu Grabe trugen.*

Lieber rot als tot ....

*Ich schwiege zu Afghanistan,
Das überfallen und besetzt,
Wo Hunderttausende getötet,
Man täglich Völkerrecht verletzt.*

*Die Opfer an der Mauer wären
Für mich nicht länger existent,
Weil man in ihnen als ein Roter
Einfach den Staatsfeind nur erkennt.*

Lieber rot als tot ....

Ich gäbe meine Freiheit hin
Und machte selber mich zum Knecht,
Würd' mich und andere verraten,
Wer immer ja sagt, braucht kein Recht.

Lieber rot als tot, was bliebe,
Wenn ich mich diesem Wort verschriebe?
Es bliebe nichts, ich wäre dann
Lebendig schon ein toter Mann!

Schwer zu fassen

Gerd K. ist nicht alt geworden,
Bekam posthum keinen Orden,
Obwohl er den Kampf nicht scheute,
Auch nicht gegen Stasileute,

Die ihm auf den Spuren waren
Bis ins Jenseits er gefahren;
Seinem Kampf für Freiheit, Frieden,
War kaum Beistand hier beschieden;

Manchen überkam die Trauer
Als dann endlich fiel die Mauer,
Das durft er noch miterleben,
Ein Erfolg auch für sein Streben;

Doch noch heut, nur schwer zu fassen,
Muß er sich verleumden lassen,
Wurd vom Präsident vergessen,
Der es hält für angemessen,

Lieber einen Mann zu ehren,
Der vertrat die Marx'schen Lehren
Und ein Land verächtlich machte,
Das ihm erst die Freiheit brachte.

Im Gedenken an Gerd Knesel soll hier folgendes aus einer Veröffentlichung von Jurij Below unter dem Titel „Ein Brief aus dem Gulag" zitiert werden:

Gerd Knesel trat mit Leib und Seele für die Freiheit der Menschen ein, die für ihn das höchste Gut war.

Vor 30 Jahren habe ich den jungen Mann aus Geesthacht (Schleswig-Holstein) kennengelernt.

Seelig sei das Land, wo es solche Menschen mit Herz und Verstand gibt.

In den Jahren des Gulags mußten tausende Häftlinge ihr Leben lassen.

Es könnte dabei eine „innere Angelegenheit" Rußlands bleiben, wenn nicht ein junger Musiker, nämlich Gerd Knesel, sich diesen Geschehnissen angenommen hätte.

Fast gleich, nachdem „Die neue Bildpost" die Geschichte mit dem Brief bekannt gegeben hatte, meldete sich der Barde aus Geesthacht mit dem Lied „Ein Brief aus dem Gulag".

Es war schon ein Schreck für die vereinigte Linke mit seinen Freiheitsliedern konfrontiert zu werden.

Er wurde von den Linken gehasst und bedroht, aber es waren die anderen Deutschen, die ihn unterstützten und ihm Sympathie entgegenbrachten.

Doch wer kennt heute noch seinen Namen?

Ein Deutscher, der sich unter Millionen Nicht-Deutschen beliebt gemacht hat.

Lew Kopelew bezeichnete ihn als „besten deutschen Romantiker der Freiheit".

Erlebnisse im Hotel mit König Alfred und seinem Hanswurst unter Berücksichtigung der Zensur durch das Landgericht Hamburg. Der Kampf eines Bürgers gegen ein Unternehmen mit faschistoiden Verhaltensweisen. Band I–X
Band I: ISBN 978-3-8334-7985-4

König Alfred und sein Hanswurst
Ein MALBUCH mit 66 heiteren Geschichten in Versform
ISBN: 978-3-8334-8037-9

Sokrates läßt Deutschland grüßen – damit Freiheit atmen kann
ISBN 978-3-8334-7988-5

Das große Kochbuch
Ein Menü für Juristen und verantwortungs-bewußte Staatsbürger
ISBN 978-3-8334-7987-8
Kurzfassung der Bande „Erlebnisse im Hotel I–VIII" in acht Kapiteln auf 526 Seiten mit den kompletten Vorworten und 327 Gedichten

Mir reicht's – Deutschland ade
ISBN 978-3-8334-7986-1

Bürger wacht auf!
Zum Obrigkeitsstaat
ISBN 978-3-8370-2276-6

Daß Liebe unser Leben durchdringt ...
ISBN 978-3-8334-7977-9

Für Dich
ISBN 978-3-8334-7975-5

Nur noch für Dich – Eine Liebeserklärung, Band I–III
Band I: ISBN 978-3-8334-7976 2
Band II: ISBN 978-3-8334-8769-9
Band III: ISBN 978-3-8334-7406-4

Anfang und Ende – Gedichte für einen geliebten Menschen
ISBN: 978-3-8334-8770-5

Für Dich – Eine Nachlese
ISBN: 978-3-8370-6224-3

Du lebst in mir.
Die Trauer eines vereinsamten Menschen
ISBN: 978-3-8391-9300-6

Widerstand den Affenärschen!
Grundgesetz ade
ISBN: 978-3-8391-5609-4

Die Glüh-Birne
Zur Warnung und Erleuchtung!
ISBN: 978-3-8391-5761-9

Schlaf, Bürger, schlaf
Dies Buch lies nicht, sei brav!
ISBN: 978-3-8423-0466-6

Armes Deutschland
Kritische Betrachtungen zur Rechtslage
der Nation und einiges mehr.
In Versform
ISBN: 978-3-8423-9549-7

„Kampfbereit" wie Bruder Jesus allezeit
Zu Guttenberg bewahr uns vor
Trittihnnesen, Gysi-tor! Die Verleumder
hier im Land mach ich weiterhin bekannt.
ISBN: 978-3-8448-7206-4

Nachruf für einen geliebten Menschen
Gedichte für Traueranzeigen
ISBN: 978-3-8448-4202-9

Im Stadium der Reife
ISBN: 978-3-8448-3382-9

Zur Lebensbegleitung
Eine Auswahl besinnlicher Gedichte als
Richtschnur für das Leben
ISBN: 978-3-7322-1842-4

„Ein Unrecht-Staat" mit „Nachruf"
für Hubertus Scheurer und weiteren
Gedichten
ISBN: 978-3-7322-2636-8

Himmelfahrten zu Gottvater als zweiter
Sohn und sein Berater
ISBN: 978-3-7322-1245-3

Die frivolen Geschichten mit König Alfred und seinem
Hanswurst
ISBN 978-3-7357-6710-3

Weiter auf der Hühnerleiter
ISBN 978-3-8334-8038-6

Deutsche Richter von damals bis heute
ISBN 978-3-7357-6915-2